Gerhard A. Spiller

Eine Reise durch das Jahr

AF191325

Gerhard A. Spiller wurde 1964 im niedersächsischen Ölsburg geboren. Seit Beendigung seines Studiums der Verwaltungswissenschaft in Konstanz am Bodensee arbeitet er als Beamter in einer niedersächsischen Kommunalverwaltung. Er ist Mitglied der Deutschen Haiku-Gesellschaft, der Gesellschaft für zeitgenössische Lyrik und der Schlaraffia Peine.

Gerhard A. Spiller

Eine Reise durch das Jahr

Haiku im Laufe eines Jahres

© 2023 Gerhard A. Spiller

Herstellung und Verlag: BoD – Books on Demand,
Norderstedt

Printed in Germany

ISBN 978-3-7568-9838-1

Titelfoto: Gerhard A. Spiller

Inhaltsverzeichnis

Vorwort

In der Lyrik und allem voran in der Haiku-Dichtung erfreuen sich Reisen durch die vier Jahreszeiten großer Beliebtheit. Möglicherweise liegt das an der klaren Zuordnung, die jedem Menschen geläufig ist.

Neben den vier Jahreszeiten gibt es aber auch bestimmte Zeiträume oder Kalendertage innerhalb eines Jahres, die losgelöst von der klassischen Einteilung in Frühling, Sommer, Herbst und Winter eine Strukturierung des Jahreslaufes ermöglichen. Diese alternative Anordnung habe ich ergänzend zu den klassischen vier Jahreszeiten für die vorliegende Sammlung von Haiku gewählt und hoffe, dass sie den Lesern Freude bereiten wird.

Ilsede, im Januar 2023
Gerhard A. Spiller

Neujahr

Die Band gibt alles,
ausgelassene Menschen-
- gestörte Natur.

***

Heiß dampft der Kaffee,
Zeichen des Tagesbeginns.
Noch herrscht Müdigkeit.

***

Gute Vorsätze
bestimmen den Neujahrstag.
Kurze Halbwertzeit.

***

Schmutziges Geschirr
stapelt sich am Neujahrstag.
Unschöner Beginn.

***

Es ist Mittagszeit
als ich schließlich aufstehe.
Die Feier war lang.

***

Rakete im Baum,
besser dort als auf dem Dach.
Mulmiges Gefühl.

***

Verschmutzte Straßen,

Reste des Feuerwerks.

Niemand räumt sie weg.

***

Rakete im Baum,

wie ein dünner Ast wirkend.

Bizarrer Anblick.

***

Kater am Morgen,

doch leider kein Vierbeiner.

Kopfschmerztablette.

***

Nach dem Neujahrsfest
ein Blindgänger im Garten.
Sorgen beim Bergen.

***

Endlich ist Neujahr,
beendetes Feuerwerk.
Ein letztes Glas Sekt.

***

Der Neujahrsbeginn,
nun kehrt wieder Ruhe ein.
Hund in Schockstarre.

***

Der Neujahrsbeginn,
der Hund unter dem Sofa.
Der Schock sitzt noch tief.

***

So viele Reste
vom Festschmaus an Silvester.
Ein Lob dem Kühlschrank.

***

Müll auf der Straße,
alle Nachbarn helfen mit.
Erfreuter Müllmann.

***

Start ins neue Jahr,

man spürt den guten Vorsatz.

Doch wie lange noch?

***

Ein leeres Sektglas,

einsam auf dem Zaunpfeiler.

Niemand sucht nach ihm.

***

Müder Morgengruß,

kein Elan am Neujahrstag.

Es gab guten Punsch.

***

Karneval

Karneval in Köln,

im Trubel ein Vagabund.

Schein oder doch Sein?

***

Karnevalstreiben,

ein Engel gibt sich fröhlich.

Er ist Bestatter.

***

Zombies jagen mich

durch des Karnevals Straßen

- und in Albträumen.

***

Die Vampirfrau lacht,

wünscht mich zu ehelichen.

Fangzähne blitzen.

***

Alle sind fröhlich,

im Fasching ist das ein Muss.

Maske auf Trauer.

***

Ein langes Gespräch,

Pheromone in der Luft.

Dein Blick wird ganz weich.

***

Ringsum knistert es,

es liegt Liebe in der Luft.

Dein Blick wird ganz weich.

***

Lauschiger Abend,

Party auf dem Höhepunkt.

Engtanzendes Paar.

***

Fast wie ein Windhauch

schwebte die Schöne vorbei.

Vielleicht ein Engel?

***

Der Tisch ist gedeckt,
dampfende Erbsensuppe.
Ein Karnevalsbrauch.

***

Deftige Speisen,
wie immer im Karneval.
Die Leute schlemmen.

***

Eine schöne Frau
ist verkleidet als Hexe.
Sie genießt das Spiel.

***

Es tanzt die Garde
mit viel Freude und Elan.
Der ganze Saal tobt.

***

Lustige Reden,
ausgelassene Stimmung.
Typisch Karneval.

***

Jubel brandet auf,
der Rosenmontagszug kommt.
Ein Fernsehteam filmt.

***

Steigende Spannung,
es nähert sich der Umzug.
Schon hört man Musik.

***

Teufel küsst Nonne,
ringsum fröhliche Menschen.
Karnevalsfeier.

***

Es ist Karneval,
ausgelassene Menschen.
Lebensfreude pur.

***

Frühling

Ein sanfter Westwind
lässt Wiesenblumen tanzen.
Unhörbarer Takt.

***

Vielfalt von Farben,
Blumen betören Sinne.
Schöner Augenschmaus.

***

Warmer Regen fällt,
benetzt mir Kopf und Kleidung.
Es macht mir nichts aus.

***

Feuchter Waldboden,
alles riecht frisch und erdig.
Es sprießt sattes Grün.

***

Ein Regentropfen
rinnt meine Nase hinab.
Er kitzelt mich sanft.

***

Im Schein des Mondes
küsst sich ein verliebtes Paar.
Ringsum fällt Regen.

***

Hell leuchtet der Mond,
lässt nassen Asphalt glänzen.
Im Hausgang ein Paar.

***

Ein Telefonat,
spätabends und recht lange.
Die Sehnsucht ist groß.

***

Nimm diese Rose
als Zeichen meiner Liebe.
Sie kommt von Herzen!

***

Der weiße Samen
von einer Pusteblume
schwebt sanft durch die Luft.

***

Am Zwetschgenbaume
prangen die grünen Blätter
in herrlicher Pracht.

***

Welch himmlische Freud
bereitet deine Liebe
dem Auserwählten.

***

Die Aussaat steht an,

die ‚Kalte Sophie' ist da,

bannt die Frostgefahr.

***

Der April ist da,

der Bienenschwarm teilt sich auf,

bildet zwei Völker.

***

Endlich ist Frühling!

Glücklich blüht der Löwenzahn

im Schein der Sonne.

***

Die Knospen sprießen,
ein Vogel sitzt im Gebüsch,
und singt mir ein Lied.

***

Der Lenzmond ist da,
sät Gedanken an Liebe,
weckt süße Träume.

***

Husum am Abend,
Hand in Hand am Hafenkai.
Möwen schauen zu.

***

Ostern

Die bunten Eier
werden von Blumen verdeckt.
Fröhliche Kinder.

***

Am Ostersonntag
sitzt im Garten ein Hase.
Jubelnde Kinder.

***

Kirchgang an Ostern,
Eiersuche folgt später.
Aufgeregtes Kind.

***

Färben von Eiern
als Ostertradition.
Kinder haben Spaß.

***

Endlich wieder Fleisch,
die Fastenzeit ist vorbei.
Heute gibt es Lamm.

***

Das Osterfeuer
verbindet viele Menschen.
Es riecht nach Bratwurst.

***

Kuchen auf dem Tisch,

Kaffee in der Osterzeit.

Das Fest verbindet.

***

Suchende Kinder,

schauen unter jeden Busch.

Suche nach Eiern.

***

Ein Schokohase,

hinter einem Stein wartend.

Ein Kind nähert sich.

***

Gleich ist es soweit,
dann werden Eier gesucht.
Gespannte Stimmung.

***

Eiliges Hasten,
Eiersuche im Garten.
Erfreutes Kreischen.

***

Statt bunter Eier
Hasen aus Schokolade.
Die Kinder freut es.

***

Viele Farbkleckse
verzieren die Tischdecke.
Eier sind gefärbt.

***

Ein Junge fällt hin,
er vergießt heiße Tränen.
Suchunterbrechung.

***

Die bunten Eier
leuchten unter den Büschen.
Kinder laufen los.

***

Ein verschmierter Mund
ziert das Gesicht des Kindes.
Schokoladenrest.

***

Auf Eiersuche,
vom Himmel lacht die Sonne.
Schönes Osterfest.

***

Gute Ausbeute:
Eier und Schokohasen.
Glückliche Kinder.

***

Muttertag

Bunter Blumenstrauß,
kleines Muttertagsgeschenk.
Bald schon Biomüll.

***

Sie wollen kommen,
der Kaffeetisch ist gedeckt.
Die Mutter wartet.

***

Es erschallt Jubel,
die Mutter wird gefeiert.
Heute ist ihr Tag.

***

Kinder zu Besuch,
vergessen sind Zank und Streit.
Ehrung der Mutter.

***

Kinder mit Blumen
sagen ein Gedicht auf.
Ehrung der Mutter.

***

Die Erwachsenen
werden wieder zu Kindern.
Es ist Muttertag.

***

Der Tisch wird gedeckt,

langsam läuft der Kaffee durch.

Die Türklingel schellt.

***

Kaffee und Kuchen,

wie immer zum Muttertag.

Sie lächelt glücklich.

***

Im Blumenladen

stehen die Kunden Schlange.

Jeder kauft Blumen.

***

Hohe Ausgabe,

doch die Mutter ist es wert.

Erfreuter Kaufmann.

***

Es ist Muttertag,

Blumen verkaufen sich gut.

Wie in jedem Jahr.

***

Er will Abwechslung

für das Muttertagsgeschenk.

Schokoladenkauf.

***

Schmunzelnder Vater,

seine Frau ist Mittelpunkt.

Er freut sich für sie.

***

Die kleinen Kinder

singen nun ein Lied für sie.

Ehrung der Mutter

***

Gekaufte Blumen,

günstig von der Tankstelle.

Kalenderirrtum.

***

Glückliche Mütter,
sie genießen ihren Tag.
Auch die Geschenke.

***

Alle beisammen,
vereint bei ihrer Mutter.
Vasen werden knapp.

***

Aufbruch der Kinder,
schon ist der Tag gegangen.
Winken zum Abschied.

***

Sommer

Vorgestellte Uhr,
verlängert den Sommertag.
Laute Grillparty.

***

Picknick im Sommer,
doch Regen stört das Idyll.
Die Blumen freut es.

***

Ein Mensch am Feldrain,
Sonnenball am Firmament.
Sonntagsspaziergang.

***

Badezeit am Teich,
die Vögel haben viel Spaß.
Fröhliches Zwitschern.

***

Warmer Sommertag,
doch in den hohen Gräsern
lauern die Zecken.

***

Sonnbestrahltes Gras:
Geduldig harrt die Zecke
auf neue Opfer.

***

Unter der Sonne
murmelt leise das Rinnsal
im Straßengraben.

***

Eine schlechte Sicht:
Nebel wie im November
und das im Juni!

***

Wärmende Sonne,
still fließt die Fuhse dahin
und spendet Leben.

***

Im Schein der Sonne
hört man die Fuhse murmeln
zwischen den Feldern.

***

Im Licht der Sonne
hört man die Fuhse murmeln
an dem alten Wehr.

***

Durch das Blätterdach
des kleinen, dunklen Waldes
fällt ein Lichtstrahl…

***

Sanft gleitet das Schiff,
laut dröhnen die Motoren
über die Nordsee.

***

Fahrt auf der Nordsee,
die Fähre pflügt das Wasser,
Hooge kommt in Sicht.

***

Sengende Hitze,
der Sonnenball verbrennt uns
und auch die Liebe.

***

Auf dem warmen Hof
liegt träge unser Kater,
hat uns fest im Blick.

***

Starker Schmetterball!
Ein wenig Sand entscheidet
beim Beachvolleyball.

***

Hell strahlt der Vollmond,
zwei Kater belauern sich
wie Boxer im Ring.

***

Johannistag

Gegrillte Bratwurst,
ihr Duft zieht über das Feld.
Johannisfeier.

***

Der letzte Spargel,
mit viel Mühe geerntet
für die Feinschmecker.

***

Am Johannistag
ein Fest für das ganze Dorf.
Ein Feuer lodert.

***

Am Johannistag
ist das Wetter bedeutsam.
Merksatz der Bauern.

***

Ein prüfender Blick,
Begutachtung des Himmels.
Wetter der Zukunft.

***

Hand in Hand im Wald,
und das am Johannistag.
Volksmund sieht Hochzeit.

***

Spazierganz zu zweit,
sich an den Händen haltend.
Bald wird Hochzeit sein.

***

Am Johannistag
sollte man Kräuter sammeln.
Besondere Kraft.

***

Eine alte Frau
legt Kräuter in einen Korb.
Vergessener Brauch.

***

An jeder Haustür
hängt die Johanniskrone.
Brauch in den Dörfern.

***

Ein Johannisstrauß
liegt unter dem Kopfkissen.
Wunsch nach Liebesglück.

***

Heute enden sie,
Spargel- und Rhabarberzeit.
Wie in jedem Jahr.

***

Johannisbeeren,
ab heute sind sie erntereif.
Johannis sei Dank.

***

In dem kleinen See
nehmen sie ein langes Bad.
Besonderer Schutz.

***

Der Johannistag,
die Sommersonnenwende.
Enge Verbindung.

***

Die Bauernregel
verlangt Prüfung des Wetters.
Ein wichtiger Tag.

***

Aus sieben Kräutern
besteht ein Johannisstrauß.
Sehr starke Wirkung.

***

Johannisfeuer,
soll Dämonen abwehren.
Vergessener Zweck.

***

Herbst

Nach dem Gewitter
schreite ich durch die Natur.
Pfützen auf dem Weg.

***

Nach starkem Regen
duftet die Erde anders.
Ich atme tief ein.

***

Nach dem Regenguss
sind Pfützen auf den Straßen.
Gierig trinkt ein Hund.

***

Der Herbst hält Einzug,
ein Ast klopft an mein Fenster.
Gemorste Nachricht.

***

Der Sturm war sehr stark,
schlug im Wald eine Schneise,
rodete Bäume!

***

Im schönen Herzberg
grüßen mich kahle Bäume
mit kahlen Zweigen.

***

Regen strömt herab,

allein am Meisenknödel

eine Kohlmeise.

***

Es gießt in Strömen,

im Flieder hockt ein Sperling,

die Federn putzend.

***

Ein Zweig vom Birnbaum,

verrottend auf dem Rasen

- Insektennahrung.

***

Herzhaftes Gähnen
in der Morgendämmerung.
Der Hund drängt vorwärts.

***

Ein Gewitter naht,
schon hebt der Wind die Stimme.
Der Herbst ist pünktlich.

***

Gefällte Bäume,
die Eichhörnchen sind verstört.
Der Park weicht Häusern.

***

Die süßen Trauben
verheißen Qualitätswein.
Jubelnde Gourmets.

***

Ein Blatt am Boden,
der Regen klebt es dort fest.
Opfer vom Herbststurm.

***

Direkt neben mir
fallen Kastanien vom Baum.
Sorge vor Treffern.

***

Ein Tief zieht heran,
bestimmt Regen, vielleicht Sturm.
Der Hund will nicht raus.

***

Sturm kündigt sich an,
Gartendeko im Schuppen.
Die erste Windböe.

***

Der Herbst färbt die Welt,
taucht die Wälder in sein Rot.
Tanzende Blätter.

***

Erntedank

Geschmückter Altar,

Feldfrüchte in der Kirche

als Dankesgabe.

***

Mehl, Honig und Wein

sind besonders naturnah.

Beliebte Gaben.

***

Die Strohpuppe brennt,

in dieser Gegend üblich.

Brauch an Erntedank.

***

Spenden von Menschen

für Bedürftige im Dorf.

Brot bis Konserven.

***

Getreide und Obst,

die ganze Kirche schmückend.

Danksagung an Gott.

***

Viele Gläubige

verschönern die Kirche

zum Erntedankfest.

***

Die Menschen danken
für die Gaben der Natur.
Demut statt Herrschaft.

***

Drinnen Feldfrüchte,
auf dem Feld ein Strohfeuer.
So ist das Brauchtum.

***

Es wird gebastelt,
Perlen werden Maiskolben.
Vielfalt an Farben.

***

Am Erntedankfest

Spenden für Bedürftige.

Glückliches Lächeln.

***

Zeit der Danksagung,

zehn Tage dauert das Fest.

Dank für die Ernte.

***

Die Erntekrone

zeugt von des Menschen Schwächte.

Dank an die Natur.

***

Die Natur ist stark,

wir sind abhängig von ihr.

Fest der Danksagung.

***

Fröhlicher Festtag

in den Kirchen weit und breit.

Dank für die Ernte.

***

Auf dem Bauernhof

schmücken Feldfrüchte das Haus.

Dankbarer Landwirt.

***

Lachende Kinder,
Basteln mit Apfeldrucken.
Ein riesiger Spaß.

***

Ein Fest des Dankes,
die Ernte war wieder gut.
Wie schon seit Jahren.

***

Ein Lob der Natur
für ihre vielen Gaben.
Glückliche Menschen.

***

Winter

Tief verschneites Feld,

von kräftigem Wind umweht.

Zeichen der Götter.

***

Klirrende Kälte,

Zaungespräch mit dem Nachbarn.

Kopf und Herz glühen.

***

Die Schneeflocke tanzt

vor den Augen des Flüchtlings.

Ein erstaunter Blick.

***

Stille im Garten,
es herrschen Minusgrade.
Erstarrte Natur.

***

Alles wirkt herbstlich,
der Anblick täuscht mich erneut.
Es ist doch Winter.

***

Die Heizung ist kalt,
kein guter Winteranfang.
Kamin als Ersatz.

***

Heftiger Schneefall,
der Neuschnee bedeckt alles.
Auch Vogelfutter.

***

Spuren im Neuschnee,
doch nicht von einem Vogel.
Es war eine Maus.

***

Röhrendes Auto,
die Batterie wird leer sein.
Opfer der Kälte.

***

Der Schneefall bleibt aus,
Folge des Klimawandels.
Zwiespalt in mir.

***

Still ruht der Garten,
doch es fehlt das weiße Kleid.
Nicht zum ersten Mal.

***

Alles wirkt herbstlich,
aber die Straßen sind glatt.
Doch Winter, nicht Herbst.

***

Eisschicht auf dem Teich,
interessierte Katze.
Ein Vogel fliegt auf.

***

Der Weg der Katzen,
offenbart von der Schneespur.
Erkennbarer Pfad.

***

Ich schlafe länger,
Schnee bedeckt den Futterplatz.
Vogelgezwitscher.

***

Der Zweig ist nur feucht,
keine Schneelast liegt auf ihm.
Seltsamer Anblick.

***

Regen statt Schneefall,
der Klimawandel ist nah.
Die Straße ist glatt.

***

Schneeflocken fallen,
der Wind wirbelt sie umher.
Landung am Fenster.

***

Weihnachtszeit

Stolz strahlt die Tanne
mitten auf dem Weihnachtsmarkt.
Bald nur noch Altholz

***

Heller Kerzenschein
sorgt für Schatten an der Wand.
Wasser steht bereit.

***

Marzipanbrote
auf meinem bunten Teller.
Wunderbares Fest.

***

Im Schein der Kerze
nähern sich zwei Gesichter.
Münder verschmelzen.

***

Der Geist der Weihnacht
lässt Friedenswünsche sprießen
im Herz des Flüchtlings.

***

Im Schein der Kerze
bricht sich das Licht am Baumschmuck,
lässt Schatten tanzen.

***

Heller Kerzenschein
lässt die Baumkugeln leuchten
und Augen glänzen.

***

Sanfter Kerzenschein
lässt Kinderaugen glänzen
kurz vor Heiligabend.

***

Früher gab es Schnee,
heute nur Regen und Matsch.
Trotzdem frohes Fest!

***

Ohne Frost und Schnee
erfreuen wir uns am Fest.
Frohe Weihnachten!

***

Kleiner Weihnachtsmarkt,
Großeltern mit Enkelkind.
Glänzende Augen.

***

Flackernde Kerzen,
festlich das Zimmer färbend.
Schatten an der Wand.

***

Kleiner Adventskranz,

lustig flackern die Kerzen.

Frieden im Herzen.

***

Ein bunter Teller

steht unter dem Weihnachtsbaum.

Mischung von Naschwerk.

***

Ein Stern am Himmel,

hell leuchtend wie die Sonne.

Ein Gruß von damals.

***

Pünktlich zur Festzeit

erblühen die Weihnachtssterne.

Kraftvolle Pflanzen.

***

Nun ist es soweit,

die Adventszeit ist gekommen.

Staunende Kinder.

***

Elektrokerzen

haben Wachskerzen ersetzt.

Technischer Fortschritt.

***

Rauhnächte

Läutende Glocken
zeigen die Thomasnacht an.
Die erste Rauhnacht.

***

Grausame Götter
toben durch die Felder.
Wieder Rauhnächte.

***

Rütteln am Gebälk,
die bösen Geister toben.
Es sind Rauhnächte.

***

In den Rauhnächten
sollte man nicht arbeiten.
Es droht sonst Unheil!

***

Laut schlägt die Tür zu,
nun droht uns ein Gewitter!
Ein Rauhnachtsglaube.

***

In den Rauhnächten
herrschen Mythen und Magie.
Zwölf lange Nächte...

***

Mythische Rauhnacht,

achtet darauf, was ihr tut!

Es droht sonst Unheil!

***

Die nächste Rauhnacht

beschert uns Schnee und Magie.

Verzauberte Nacht!

***

Hell glitzert der Schnee,

doch etwas Dunkles lauert.

Magie der Rauhnacht.

***

Ängstlich schlägt mein Herz,

Wäsche wurde aufgehängt.

Plötzlich ein Geräusch!

***

Es sind Rauhnächte,

die Nerven sind angespannt.

Heimliches Glücksspiel.

***

Ängstliche Menschen,

gedrängt in der Wohnstube.

Wilde Rauhnächte.

***

Geläut der Glocken,

ein Blick in den Kalender.

Es ist Thomasnacht.

***

Die erste Rauhnacht,

es ertönt tosender Lärm.

Rütteln am Fenster.

***

Notierter Kummer,

verbrannt in einer Rauhnacht.

Gebannte Sorge.

***

Kalte Thomasnacht
als Auftakt der Rauhnächte.
Angst geht im Dorf um.

***

Nur Aberglaube,
die Rauhnächte sind harmlos.
Oder etwa nicht?

***

Der Dreikönigstag
beendet die Rauhnächte.
Menschen atmen auf.

***

Silvester

Die Tiere zittern:
Das Silvesterfeuerwerk
ist ihre Hölle!

***

CO_2 ist schlimm,
es sorgt für Klimawandel.
Fest mit Feuerwerk.

***

Die Frau sieht gut aus,
ist ganz ohne Begleitung.
Suche nach Glück.

***

Einsamkeit ade!
Überall balzende Menschen.
Die Party läuft gut.

***

Buntes Feuerwerk,
es knallt wie in einem Krieg.
Bleicher Veteran.

***

Plötzlich lauter Lärm,
der Beginn des Feuerwerks.
Horror für Tiere.

***

Lautes Getöse,
Feuerwerkskörper zünden.
Flüchtende Tiere.

***

Feuerwerkskörper,
ihr Verkauf läuft sehr gut an.
Gier nach mehr Profit.

***

Endlich Mitternacht,
Startschuss für das Feuerwerk.
Blumen am Himmel.

***

Feuerwerkskörper
erhellen den Nachthimmel.
Abstrakte Bilder.

***

Ein Kanonenschlag,
das Kleinkind zuckt zusammen.
Erstes Feuerwerk.

***

Seit dem Nachmittag
hört man Silvesterböller.
Kleiner Vorgeschmack.

***

Es ist Mitternacht,
das Warten hat ein Ende.
Endlich Feuerwerk!

***

Sekt perlt in Gläsern,
lange schon vor Mitternacht.
Heitere Stimmung.

***

Knabberzeug und Sekt
verkürzen die Wartezeit.
Laute Gespräche.

***

Gespräche und Wein,
Warten auf das Feuerwerk.
Bald ist es soweit!

***

Sprühende Funken
zeichnen Bilder am Himmel.
Verwirrte Eule.

***

Blumen am Himmel,
gezeichnet von Raketen.
Natur ist schöner.

***

Vom gleichen Autor sind erschienen:

Heinrich Spiller – Schuhmacher und Heimatdichter aus dem Kreis Grottkau/Oberschlesien

ISBN 978-3-7322-6996-9 (vergriffen)

Elysische Impressionen

Ausgewählte Haiku

ISBN 978-3-7392-6893-4

Sinnliche Holdseligkeit

Liebeslyrik in Form von Haiku

ISBN 978-3-7412-7164-9

Ich grüße den Uhu

Fechsungen für die Sippungen der Schlaraffia

ISBN 978-3-7412-9363-4

Es schnurrt die Samtpfote

Haiku über Katzen und Kater

ISBN 978-3-7519-0730-9

Impressionen des Seins

Lyrische Daseinsbetrachtungen

ISBN 978-3-7519-8009-8

Kirschblüten im Eichenwald

Haiku im Zeichen der vier Jahreszeiten

ISBN 978-3-7519-7789-0

Der Minnesang des Frosches

Haiku über Frösche

ISBN 978-3-7543-2254-3

Dem Uhu gilt mein erster Gruß

Neue Fechsungen für die Schlaraffia

ISBN 978-3-7557-0112-5

Mitherausgeber der
Heinrich-Spiller-Werkausgabe

Band 1:

Schläsische Gedichte und Geschichten.

ISBN 978-3-7357-6755-4

Band 2:

Hochdeutsche Gedichte und Geschich-

ten

ISBN 978-3-7386-8613-5

Band 3:

Mein Heimatdorf und seine Umgebung

ISBN 978-3-7392-7428-7

Band 4:

Autobiographische Texte

ISBN 978-3-7392-6079-2